AF500872

LOI

ET ORDONNANCES

RELATIVES

A LA RÉPUBLIQUE D'HAÏTI,

ET AUX INDEMNITÉS STIPULÉES EN FAVEUR DES ANCIENS COLONS DE SAINT-DOMINGUE.

PARIS,

DE L'IMPRIMERIE DE Mme VEUVE AGASSE, RUE DES POITEVINS, N° 6.

1826.

LOI

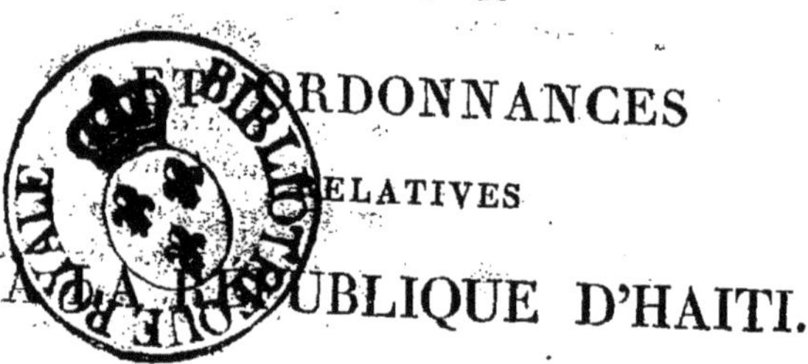

ET ORDONNANCES RELATIVES A LA RÉPUBLIQUE D'HAITI.

ORDONNANCE du Roi qui concède aux habitans actuels de la partie française de Saint-Domingue l'indépendance pleine et entière de leur Gouvernement, aux conditions exprimées dans ladite ordonnance.

CHARLES, PAR LA GRACE DE DIEU, ROI DE FRANCE ET DE NAVARRE,

A tous ceux qui ces présentes verront, salut :

Vu les articles 14 et 73 de la Charte ;

Voulant pourvoir à ce que réclament l'intérêt du commerce français, les malheurs des anciens colons de Saint-Domingue, et l'état précaire des habitans actuels de cette île,

Nous avons ordonné et ordonnons ce qui suit :

Art. 1er. Les ports de la partie française de Saint-Domingue seront ouverts au commerce de toutes les nations.

Les droits perçus dans ces ports, soit sur les navires,

soit sur les marchandises, tant à l'entrée qu'à la sortie, seront égaux et uniformes pour tous les pavillons, excepté le pavillon français, en faveur duquel ces droits seront réduits de moitié.

2. Les habitans actuels de la partie française de Saint-Domingue verseront à la caisse générale des dépôts et consignations de France, en cinq termes égaux, d'année en année, le premier échéant au 31 décembre 1825, la somme de cent cinquante millions de francs, destinée à dédommager les anciens colons qui réclameront une indemnité.

3. Nous concédons, à ces conditions, par la présente ordonnance, aux habitans actuels de la partie française de l'île de Saint-Domingue, l'indépendance pleine et entière de leur gouvernement.

Et sera la présente ordonnance scellée du grand sceau.

Donné à Paris, au château des Tuileries, le 17 avril de l'an de grâce 1825, et de notre règne le premier.

CHARLES.

Par le Roi,

Le pair de France, ministre secrétaire-d'état au département de la marine et des colonies,

Cte DE CHABROL.

Vu au sceau :

Le garde-des-sceaux de France, ministre secrétaire-d'état au département de la justice,

Cte DE PEYRONNET.

Visa :

Le président du conseil des ministres,

JH. DE VILLÈLE.

LOI.

Loi relative à la répartition de l'indemnité stipulée en faveur des anciens colons de Saint-Domingue.

CHARLES, PAR LA GRACE DE DIEU, ROI DE FRANCE ET DE NAVARRE;

A tous présens et à venir, salut.

Nous avons proposé, les chambres ont adopté, nous avons ordonné et ordonnons ce qui suit :

Art. 1er. La somme de cent cinquante millions de francs, affectée par l'ordonnance du 17 avril 1825, aux anciens colons de Saint-Domingue, sera répartie entre eux intégralement et sans aucune déduction au profit de l'Etat, pour les propriétés publiques, ainsi que pour les propriétés particulières qui lui seraient échues par déshérence.

2. Seront admis à réclamer l'indemnité énoncée dans l'article précédent, les anciens propriétaires de biens-fonds situés à Saint-Domingue, ainsi que leurs héritiers, légataires, donataires ou ayant-cause.

Les répudiations d'hérédité ne pourront être opposées aux réclamans, si ce n'est par les héritiers qui auraient accepté.

La mort civile, résultant des lois sur l'émigration, ne pourra non plus leur être opposée.

3. Dans aucun cas, les individus ayant la faculté d'exercer le droit de propriété dans l'île de Saint-Domingue, ne seront admis à réclamer l'indemnité, soit en leur nom propre soit comme héritiers ou représentans de personnes qui auraient été habiles à réclamer.

4. Les réclamations seront formées à peine de déchéance, sans égard pour les déclarations sommaires déjà faites, savoir :

Dans le délai d'un an par les habitans du royaume ;

Dans le délai de dix-huit mois par ceux qui habitent dans les autres états de l'Europe ;

Dans le délai de deux ans par ceux qui demeurent hors d'Europe.

Ces délais courront du jour de la promulgation de la présente loi.

5. La répartition de l'indemnité sera faite par une commission spéciale nommée par le Roi. Cette commission sera divisée en trois sections.

En cas d'appel, les deux sections qui n'auront pas rendu la décision, se réuniront et se formeront en commission d'appel pour statuer.

L'appel sera interjeté par déclaration au secrétariat de la commission dans les trois mois du jour où la décision aura été notifiée.

6. La commission statuera sur les réclamations d'après les actes et documens qui seront produits devant elle, même par voie d'enquête, si elle le juge convenable, et appréciera les biens suivant leur consistance à l'époque de la perte, et d'après la valeur commune des propriétés en 1789.

L'indemnité sera du dixième de cette valeur.

7. Il y aura près de la commission un commissaire du Roi chargé de requérir le renvoi devant les tribunaux, du jugement des questions d'état ou de propriété qui seraient ou pourraient être opposées aux réclamans ; de proposer dans chaque affaire, et spécialement sur la valeur attribuée aux immeubles et sur la quotité des in-

demnités réclamées, toutes les réquisitions qu'il jugera utiles aux intérêts de la masse; d'agir et de procéder, en se conformant aux lois, partout où il y aura lieu, pour la conservation de ces intérêts; et d'interjeter appel des décisions rendues par les sections, qui lui paraîtront blesser ces intérêts.

8. L'indemnité sera délivrée aux réclamans par cinquième, et d'année en année.

Chaque cinquième portera intérêt, conformément à l'art. 14 de l'ordonnance du 3 juillet 1816, après que la partie correspondante des 150 millions affectés à l'indemnité totale aura été versée dans la Caisse des dépôts et consignations.

L'excédent ou le déficit, s'il y en a, lorsque la liquidation aura été terminée, accroîtra ou diminuera la répartition des derniers cinquièmes, au centime le franc des indemnités liquidées.

9. Les créanciers des colons de Saint-Domingue ne pourront former saisie-arrêt de l'indemnité que pour un dixième du capital de leur créance.

En cas de concurrence entre plusieurs créanciers, celui à qui est dû le prix, ou une portion du prix du fonds qui donnera lieu à l'indemnité, sera payé avant tous autres du dixième du capital de sa créance.

Les créanciers seront payés aux mêmes termes que les colons recevront leur indemnité.

10. Il ne sera perçu aucun droit de succession sur l'indemnité accordée aux anciens colons de Saint-Domingue.

Les titres et actes de tous genres qui seront produits par les réclamans ou leurs créanciers, soit devant la commission, soit devant les tribunaux, pour justifier de leurs qualités et de leurs droits, seront dispensés de l'enregistrement et du timbre.

11. Lorsqu'il s'élèvera des contestations entre divers prétendant-droit à la succession d'un colon qui n'avait pas de domicile en France, et qui n'y est pas décédé, ou entre eux et ses créanciers, elles seront attribuées au tribunal du domicile du défendeur; et, s'il y en a plusieurs, au tribunal du domicile de l'un d'eux, au choix du demandeur.

12. Les contestations renvoyées devant les tribunaux, dans le cas prévu par l'article 7, seront jugées comme matière sommaire, à moins qu'il ne s'élève quelque question d'état.

13. L'état des liquidations opérées contenant le nom du réclamant, le montant de l'indemnité, la désignation et la situation de l'objet pour lequel elle est accordée, sera annuellement distribué aux chambres.

La présente loi, discutée, délibérée et adoptée par la chambre des pairs et par celle des députés, et sanctionnée par nous cejourd'hui, sera exécutée comme loi de l'Etat; voulons, en conséquence, qu'elle soit gardée et observée dans tout notre royaume, terres et pays de notre obéissance.

Si donnons en mandement à nos cours et tribunaux, préfets, corps administratifs, et tous autres, que les présentes ils gardent et maintiennent, fassent garder, observer et maintenir, et, pour les rendre plus notoires à tous nos sujets, ils les fassent publier et enregistrer partout où besoin sera : car tel est notre plaisir; et, afin que ce soit chose ferme et stable à toujours, nous y avons fait mettre notre scel.

Donné en notre château des Tuileries, le 30e jour du

mois d'avril de l'an de grâce 1826, et de notre règne le deuxième.

CHARLES.

Vu et scellé du grand sceau :

Le garde-des-sceaux de France, ministre et secrétaire-d'état au département de la justice,
Cte DE PEYRONNET.

Par le Roi :

Le ministre et secrétaire-d'état au département des finances,
JH. DE VILLÈLE.

ORDONNANCES DU ROI.

CHARLES, PAR LA GRACE DE DIEU, ROI DE FRANCE ET DE NAVARRE,

A tous ceux qui ces présentes verront, salut :

Vu notre ordonnance du 17 avril 1825 ;

Vu le rapport à nous présenté par la commission préparatoire créée par notre ordonnance du 1er septembre de la même année ;

Vu la loi du 30 avril dernier, relative à la répartition de l'indemnité affectée aux anciens colons de Saint-Domingue ;

Sur le rapport du président de notre conseil des ministres ;

Notre conseil entendu :

Nous avons ordonné et ordonnons ce qui suit :

TITRE Ier.

Des demandes en indemnité et des pièces qui doivent y être annexées.

Art. 1er. Les anciens propriétaires de biens-fonds

situés dans la partie française de l'île de Saint-Domingue, à défaut des anciens propriétaires, leurs héritiers, donataires, légataires ou ayant-cause, devront, pour obtenir l'indemnité, se pourvoir en liquidation auprès de la commission qui sera établie pour la répartition de la somme de 150 millions affectée aux anciens colons de Saint-Domingue.

Leur demande sera déposée au secrétariat de la commission.

Art. 2. Toute demande en indemnité contiendra :

1° Election de domicile du réclamant à Paris ;

2° Les noms et prénoms du réclamant ;

3° Si le réclamant est représentant d'anciens propriétaires, les noms et prénoms des individus propriétaires en 1789 des biens-fonds pour lesquels il se pourvoit en indemnité, et ceux des héritiers intermédiaires qui auraient été habiles à réclamer ;

4° La dénomination des biens-fonds en 1789, avec l'indication, I. de la ville ou paroisse dans laquelle ils étaient situés ; II. de leur contenance ; III. des diverses cultures qui y étaient établies ; IV. des abornemens desdites propriétés ; V. de la distance de l'embarcadère ; VI. de tous les moyens d'exploitation qui y étaient attachés ; VII. du nombre d'esclaves qui existaient sur les habitations ; VIII. des animaux, bâtimens et usines dont elles étaient garnies ; IX. de la nature et quantité des denrées récoltées en 1789 ou dans l'année la plus rapprochée de ladite époque, et généralement de tout ce qui peut conduire à déterminer la valeur des biens-fonds ;

5° La déclaration, s'il y a lieu, de la portion des ateliers attachés aux propriétés rurales qui aurait été cédée ou vendue au gouvernement anglais pour être incorporée dans l'armée levée lors de l'occupation d'une partie de la colonie par ce gouvernement, ou qui aurait été emmenée par les propriétaires dans d'autres colonies ou en pays étranger.

Cette demande sera en outre appuyée des titres et pièces nécessaires pour établir les droits et qualités du réclamant et la valeur à attribuer aux immeubles, le tout conformément à ce qui va être ci-après indiqué et au modèle de demande annexé à la présente ordonnance sous le nº 1 (1).

Art. 3. Lorsque la demande sera formée par l'ancien propriétaire, il devra produire, pour justifier de sa qualité, de ses droits et de la valeur de ses biens-fonds :

1º Un extrait de son acte de naissance en due forme;

2º Un acte de notoriété dressé devant un juge de paix, signé par cinq témoins notables et attestant son identité ;

3º Les actes et titres authentiques propres à établir ses droits à la propriété des biens-fonds pour lesquels il réclame l'indemnité, et à défaut d'actes et titres authentiques, tels que, ordonnances de concession, contrats de vente, d'échange, transactions, actes de partage, inventaires, testamens, stipulations dotales ou contractuelles, constitutions de rentes perpétuelles ou viagères, transports ou tous autres de ce genre :

I. Les déclarations portant descriptions et recensemens de biens-fonds qui étaient fournies à l'administration de la colonie, à l'effet de servir à la fixation de l'imposition, mais seulement lorsqu'elles auront date certaine et qu'elles seront revêtues de la signature et de l'attestation de l'officier des milices commandant la paroisse dans laquelle existe la propriété rurale ou urbaine pour laquelle il se pourvoit en liquidation ;

(1) *Voyez* les tableaux à la fin.

II. Les plans ou extraits de plans possédés par des particuliers, lorsque ces plans dressés par des arpenteurs assermentés, se seront trouvés sous des cotes d'inventaires ou énoncés dans des actes authentiques, ou que par d'autres circonstances, ils auront acquis une date certaine ;

III. Les extraits des plans généraux qui auraient été déposés à la commission, et dont l'authenticité aurait été reconnue par elle ;

IV. Les comptes des gérans rendus à leurs propriétaires, soit en France, soit en pays étranger, particulièrement lorsque ces comptes auront acquis une date certaine ;

V. Les états d'évaluation qu'un propriétaire aurait pu avoir faits avant sa mort, comme projet de partage ;

VI. Les lettres missives écrites par les propriétaires à leurs femmes, à leurs enfans, à leurs héritiers, à leurs co-sociétaires, en France ou en pays étranger ; celles des gérans et procurateurs aux propriétaires ou ayant-droit du propriétaire, lorsque ces lettres auront acquis une date certaine ;

VII. Les comptes de ventes et produits des denrées chargées et expédiées de la colonie dans les ports de France et reçues par des maisons de commerce des différens ports du royaume :

Si ces comptes ont acquis une date certaine, s'ils sont contenus dans des registres cotés ou inventoriés, la demande en indemnité devra relater cette circonstance et en rapporter la justification ;

VIII. Les extraits qui auront été délivrés par le dépositaire des archives de la marine à Versailles, et les états d'appositions ou de levées de séquestre dont les propriétés donnant lieu à l'indemnité ont pu être l'objet.

Les prétendant-droit qui ne pourraient fournir les pièces indiquées au présent article, produiront tous autres actes et documens en leur possession.

Art. 4. Si l'ancien propriétaire n'est pas Français, ou s'il ne réside pas en France, l'extrait de son acte de naissance, et l'acte de notoriété, seront revêtus des formalités usitées pour les mêmes actes dans le pays qu'il habite, et légalisés par nos ambassadeurs, ministres, consuls, vice-consuls, ou tous autres agens diplomatiques.

Art. 5. Si la demande en indemnité est formée par les héritiers donataires, légataires ou ayant-cause de l'ancien propriétaire, les réclamans produiront, indépendamment de l'extrait de naissance de chacun d'eux, et des pièces énoncées en l'article 3 ci-dessus, tous les actes propres à établir leurs droits à la succession, sans égard aux lois rendues sur l'émigration; et lorsqu'il y aura lieu, l'extrait des registres de l'état civil servant à prouver les droits du propriétaire dépossédé.

Les héritiers qui entendront se prévaloir de la renonciation qui aura été faite à la succession de l'ancien propriétaire par les héritiers naturels ou institués à l'époque de son décès, devront en outre produire une copie en due forme de l'acte de renonciation et la preuve de leur acceptation.

Art. 6. Dans le cas où les réclamans ne pourraient représenter les actes servant à établir leurs droits à la propriété des biens-fonds pour lesquels ils se pourvoient en indemnité, ils devront, en justifiant des causes de l'impossibilité où ils se trouvent, demander à la commission l'autorisation d'y suppléer par voie d'enquête.

Il en sera de même lorsque le défaut de preuve portera sur la fixation de la valeur à attribuer à la propriété.

Leur demande sera accompagnée d'un certificat du

garde des archives de la marine à Versailles, constatant qu'il n'y existe aucun titre, état de recensement ou tout autre document relatif aux biens dont il s'agit. (Voir le modèle de demande annexé à la présente ordonnance sous le n° 2.)

Si l'autorisation est accordée, la commission désignera les fonctionnaires qui devront recevoir l'enquête, les personnes qui seront entendues, et les faits sur lesquels elle portera.

La décision sera, à la diligence du commissaire du Roi, transmise aux fonctionnaires y dénommés, avec invitation d'y satisfaire dans le plus bref délai.

Art. 7. Les demandes en indemnité parvenues au secrétariat de la commission, seront immédiatement portées à leur date, et dans l'ordre de leur arrivée, sur le registre qui sera ouvert à cet effet. Ce registre sera coté et paraphé par première et par dernière par un des présidens de la commission.

Elles seront en outre revêtues d'un visa signé par le secrétaire en chef, avec indication du numéro et de la date de l'enregistrement.

Le même registre servira également à constater successivement et d'une manière sommaire la suite donnée à chaque affaire jusqu'à sa conclusion. Il énoncera le nom du réclamant, celui de l'ancien propriétaire, le montant de l'indemnité qui aura été allouée, la désignation et la situation de l'objet pour lequel elle est accordée.

Des extraits régulièrement certifiés de ce registre et de l'enregistrement des demandes seront délivrés à toutes personnes qui prouveront avoir intérêt à les réclamer.

Art 8. Les dispositions contenues aux art. 2, 3, 4 et 5 ci-dessus ne feront pas obstacle à l'enregistrement des demandes qui seront produites par des prétendant-droit sans justification, à l'effet d'éviter la déchéance prononcée par l'art. 4 de la loi.

Art. 9. Les réclamations tendantes à obtenir l'indemnité, devront être formées à peine de déchéance et nonobstant toutes déclarations sommaires faites antérieurement à la promulgation de la loi, dans le délai d'un an pour les habitans du royaume, lequel délai court pour chaque réclamant du jour de la promulgation de la loi dans le département où est établi son domicile; de dix-huit mois pour ceux qui habitent dans les autres Etats de l'Europe, et de deux ans pour ceux qui demeurent hors d'Europe.

En conséquence, à la fin du jour de l'expiration des délais ci-dessus relatés, et, à partir de la promulgation de la loi dans le département le plus éloigné de Paris, il sera procédé, à la réquisition du commissaire du Roi et en présence des présidens des trois sections de la commission, à la clôture des registres. Le résultat de cette opération sera constaté par un procès-verbal indiquant l'heure de la clôture et le nombre de demandes portées au sommier.

Art. 10. Les demandes en indemnité présentées à l'enregistrement après le délai d'un an jusqu'à celui de dix-huit mois devront être accompagnées de la preuve authentique que le réclamant habitait dans les autres Etats de l'Europe, au moment de la promulgation de la loi.

Les demandes qui seront présentées après dix-huit mois, jusqu'au terme de deux ans, seront appuyées de la preuve authentique qu'au moment de la promulgation de la loi le réclamant demeurait hors d'Europe.

TITRE II.

Du commissaire du Roi et de la commission de liquidation.

Art. 11. A la réception et après l'enregistrement des

demandes par le secretaire en chef, elles seront transmises au commissaire du Roi.

Art. 12. Le commissaire du Roi procédera à l'instruction des demandes dans l'ordre de leur arrivée. Il est spécialement chargé d'examiner, 1° s'il y a lieu à demander au réclamant, conformément à l'article 3 de la loi, la preuve que ni lui ni ses auteurs n'ont la faculté d'exercer le droit de propriété dans l'île d'Haïti; 2° il vérifiera les titres justificatifs des qualités du réclamant, les titres produits par lui à l'effet de justifier de son droit à la propriété des biens-fonds pour lesquels il demande l'indemnité, et enfin les actes et documens ou toutes autres pièces fournies à l'appui de la demande pour servir à l'appréciation de la valeur des biens-fonds et au réglement de l'indemnité.

Art. 13. Si les titres produits par les parties pour justifier de leurs droits et qualités paraissent insuffisans ou irréguliers au commissaire du Roi, ou s'il s'élève entre les divers réclamans des contestations sur leurs droits respectifs, il requerra leur renvoi préalable devant les tribunaux par des conclusions motivées qui seront transmises au secretariat avec toutes les pièces fournies par les prétendant-droit.

Art. 14. A l'égard des demandes qu'il estimera régulières, sous le rapport des droits et qualités des parties, il les remettra au secrétariat avec un avis, lequel portera également sur la quotité de l'indemnité réclamée et sur la valeur attribuée aux immeubles.

Le commissaire pourra aussi requérir, s'il y a lieu, que la décision des réclamations soit ajournée jusqu'à plus ample informé, ou jusqu'à production des justifications qu'il indiquera.

Art. 15. Le secrétaire en chef communiquera aux parties, au domicile qu'elles auront élu à Paris, les conclusions, avis, ou réquisitoires du commissaire du Roi, afin qu'elles aient à fournir leurs mémoires et observations.

Art. 16. Aussitôt après que le dossier aura été rétabli au secrétariat par les réclamans, le secrétaire en chef inscrira leur demande par ordre de numéros et de date sur les registres spéciaux qui seront tenus pour chaque section, suivant les attributions conférées à chacune d'elles par l'article 23 ci-dessous.

Art. 17. La commission de liquidation instituée par l'article 6 de la loi sera divisée en trois sections et composée de vingt-sept membres.

Art. 18. Les rapports seront faits dans chacune des sections par les membres qui en feront partie, et les affaires seront distribuées entre eux par le président.

Art. 19. Chaque section de la commission se réunira trois fois par semaine, et plus souvent s'il est nécessaire, sur la convocation du président.

Art. 20. Les sections ne pourront délibérer qu'au nombre de cinq membres au moins : en cas de partage, tous les autres membres de la section seront appelés pour le vider.

Art. 21. Le commissaire du Roi pourra assister aux séances de la commission pendant l'audition des rapports.

Art. 22. Le secrétaire en chef est nommé par le président de notre conseil des ministres. Il tiendra la plume dans les assemblées générales de la commission ou lorsque deux sections seront réunies.

Il y aura en outre dans chacune des trois sections et pour la rédaction sommaire du procès-verbal des séances, un secrétaire également nommé par le président de notre conseil des ministres.

Art. 23. La première section de la commission connaîtra des réclamations relatives aux propriétés comprises dans les dix-huit paroisses composant les deux juridictions du fort Dauphin et du Cap.

La deuxième section connaîtra des réclamations relatives aux propriétés des 17 paroisses et de l'île de la Tortue, formant les trois juridictions du Port de Paix, de Saint-Marc et du Port au Prince.

La troisième connaîtra des réclamations relatives aux propriétés comprises dans les cinq juridictions du Petit-Goave, de Jérémie et de Jacmel;

Le tout conformément au tableau annexé à notre présente ordonnance sous le n° 3.

Art. 24. Les dispositions contenues au précédent article ne feront pas obstacle à ce que les réclamations d'un même ayant-droit, et dont l'examen est attribué à diverses sections, ne soient comprises dans une seule liquidation si elles sont en état et si le réclamant le demande.

Dans ce cas elles seront soumises à celle des sections qui, à raison de la situation des biens-fonds donnant ouverture à l'indemnité, était appelée à connaître de la plus forte réclamation.

Art. 25. Les affaires dans lesquelles un des membres de la section se trouvera personnellement intéressé, seront renvoyées à une autre section. Le renvoi aura lieu ainsi qu'il suit : Si l'affaire concerne un membre de la première section, elle sera attribuée à la deuxième; si elle concerne un membre de la deuxième, elle sera attribuée à la troisième : elle sera renvoyée à la première dans le cas où elle serait relative à un membre de la troisième section. En cas de parenté ou d'alliance, les règles tracées par le titre XXI du Code de procédure civile seront observées.

Art. 26. En cas de contestation par un autre prétendant-droit, des qualités et droits du réclamant, la commission ordonnera préalablement le renvoi des parties devant les tribunaux.

Art. 27. Lorsque le renvoi devant les tribunaux aura été requis par le commissaire du Roi pour cause d'insuffisance ou d'irrégularité dans les titres justificatifs des qualités et droits du réclamant, il sera statué avant faire droit sur cette réquisition ainsi qu'il appartiendra.

Il en sera de même dans le cas prévu au deuxième paragraphe de l'art. 14 ci-dessus.

Art. 28. Quand la justification des qualités et des droits n'aura pas été contestée, ou quand il aura été statué par les tribunaux, la commission, après qu'il lui aura été rendu compte de la demande du réclamant, de l'avis du commissaire du Roi, et après avoir entendu le rapporteur dans ses conclusions et le commissaire du Roi s'il le demande, procédera par une seule et même décision, 1° à la reconnaissance des droits et qualités; 2° à l'appréciation des biens suivant leur consistance à l'époque de la perte et d'après la valeur commune des propriétés dans la colonie en 1789, et 3° au réglement de l'indemnité au dixième de cette valeur.

Art. 29. Si une enquête a été demandée par la partie ou par le commissaire du Roi, ou si elle est jugée nécessaire par la commission, la décision qui l'autorise ou qui l'ordonne en déterminera la forme comme aussi les fonctionnaires qui la recevront et les personnes qui y seront appelées.

L'exécution en sera suivie conformément au paragraphe 5 de l'article 6 ci-dessus.

Art. 30. Les délibérations de la commission seront signées du président et du rapporteur. Elles seront transmises au commissaire du Roi en double expédition par le secrétaire en chef.

Art. 31. Dans la huitaine de la transmission qui lui aura été faite de la décision, le commissaire du Roi la notifiera aux parties, au domicile qu'elles auront élu.

Il pourra déclarer dans l'acte de notification, qu'il n'entend pas user de la faculté qui lui est réservée par l'art. 7 de la loi, et néanmoins il conservera le droit de former appel incidemment si la partie se pourvoit contre la décision.

Art. 32. Si l'acte de notification ne contient pas la déclaration mentionnée en l'article précédent, le commissaire du Roi aura la faculté d'interjeter appel jusqu'à l'expiration du délai de trois mois, à partir du jour de la notification.

Art. 33. Dans le même délai, les ayant-droit qui se croiront fondés à réclamer contre une décision de la commission, devront interjeter appel ainsi qu'il sera dit ci-après, article 34.

Dans ce cas, il sera sursis à l'ordonnancement de la somme liquidée jusqu'à la décision à intervenir.

Art. 34. En cas d'appel d'une décision, soit de la part du commissaire du Roi dans l'intérêt de la masse des colons, soit par les réclamans, conformément aux dispositions de l'art. 5 de la loi, il sera interjeté par une déclaration faite au secrétariat de la commission.

Cette déclaration devra être appuyée des motifs de l'appel : il en sera donné communication au commissaire du Roi ou à la partie par le secrétaire en chef, le tout dans les formes indiquées aux articles 11 et 15 de la présente ordonnance.

Art. 35. Les dispositions contenues aux articles 12, 14,

16, 18, 21, 25, 28, 30 et 31 ci-dessus, seront applicables aux jugemens sur appel, lesquels sont attribués par l'article 5 de la loi aux deux sections qui n'auront pas rendu la décision.

La présidence des deux sections appartiendra au plus ancien des deux présidens dans l'ordre des nominations.

Art. 36. Dans le cas prévu au deuxième paragraphe de l'article 31 ci-dessus, les ayant-droit à l'indemnité pourront en requérir l'ordonnancement immédiat à leur profit, en déclarant qu'ils n'entendent pas exercer de pourvoi. Leur demande à cet effet contiendra en outre l'indication du département où ils veulent être payés; à défaut de cette déclaration, l'ordonnancement n'aura lieu qu'après l'expiration du délai de trois mois accordé pour le pourvoi par l'article 5 de la loi.

Art. 37. Tous les mois, le commissaire du Roi fera dresser et transmettra au directeur-général de la Caisse des dépôts et consignations un tableau comprenant les liquidations pour lesquelles les ayant-droit auront fait les déclarations voulues par l'article précédent, celles d'une date antérieure à trois mois au sujet desquelles il n'aura pas été formé de pourvoi, et celles devenues définitives par un jugement sur appel.

Art. 38. A la réception du tableau mentionné à l'article précédent, le directeur-général de la Caisse des dépôts et consignations fera expédier au nom des ayant-droit, et par cinquième d'année en année, les mandats de paiement par imputation sur le crédit spécial de cent cinquante millions affectés à l'indemnité des anciens colons de Saint-Domingue.

Art. 39. L'ordonnancement du dernier cinquième sera accru ou diminué au centime le franc des indemnités liquidées, de l'excédent ou déficit qui sera reconnu lorsque la liquidation aura été terminée, et sans aucune déduction au profit de l'Etat pour les propriétés publiques, ainsi que pour les propriétés particulières qui lui seraient échues par déshérences, de manière que l'indemnité totale de cent cinquante millions soit intégralement employée au profit des ayant-droit.

Art. 40. Dans chaque mandat de paiement, le cinquième de la somme liquidée sera, s'il y a lieu, et conformément à l'article 14 de l'ordonnance du 3 juillet 1816, augmenté de l'intérêt y afférant sur la partie correspondante des 150 millions affectés à l'indemnité totale qui aura été versée dans la Caisse des dépôts et consignations.

Art. 41. Les opérations du directeur-général de la Caisse des dépôts et consignations seront soumises à l'examen et à la vérification de la commission de surveillance instituée près la Caisse des dépôts et consignations.

Art. 42. Les mandats de paiement seront acquittés à Paris par le caissier de la Caisse des dépôts et consignations, et dans les départemens par les receveurs-généraux des finances en leur qualité de correspondans de ladite Caisse.

Art. 43. Lorsque le porteur de la lettre d'avis sera autre que la partie dénommée au mandat, il devra, pour en toucher le montant, justifier d'un pouvoir spécial établi en due forme.

Art. 44. Conformément aux dispositions de l'art. 13 de la loi, le commissaire du Roi remettra annuellement à notre ministre secrétaire d'état des finances, pour être distribué aux chambres, le tableau des liquidations opérées, contenant par ordre alphabétique le nom des réclamans, le montant de l'indemnité, la désignation et la situation de l'objet pour lequel elle aura été accordée. Ce tableau sera certifié par le secrétaire en chef de la commission, visé par les présidens de section et par le commissaire du Roi.

A la même époque, le directeur-général de la Caisse des dépôts et consignations remettra à la commission de surveillance, pour être compris dans son rapport annuel, un semblable tableau indiquant la situation des mandats délivrés et des paiemens effectués.

TITRE III.

Des créanciers des colons.

Art. 45. Les créanciers des colons de Saint-Domingue devront, s'ils veulent user de la faculté qui leur est conférée par l'art. 9 de la loi, de former saisie-arrêt sur l'indemnité due à leurs débiteurs, pour un dixième du capital de leur créance, signifier leur opposition à la Caisse des dépôts et consignations (bureau du contentieux).

Ces oppositions seront faites, et l'effet en sera suivi dans les formes prescrites par les lois.

Art. 46. Lorsque les créanciers des colons de Saint-Domingue présenteront, en leur qualité d'ayant-cause, une demande en indemnité au lieu et place de leur débiteur, ils seront tenus de la former dans les délais fixés pour les ayant-droit, et de fournir toutes les pièces et de faire toutes les justifications imposées à la partie elle-même.

Néanmoins, la réclamation ne sera instruite et soumise à la commission qu'après que le créancier aura été autorisé par l'ayant-droit ou par justice à exercer les droits et actions de son débiteur.

TITRE IV.

Dispositions générales.

Art. 47. Les anciens colons de Saint-Domingue, leurs

héritiers, créanciers, donataires, légataires ou ayant-cause sont autorisés à se pourvoir auprès du garde des archives de la marine, à Versailles, en délivrance d'actes, titres ou documens relatifs aux biens-fonds qu'ils possédaient à Saint-Domingue.

Dans la demande qu'ils formeront à cet effet, ils indiqueront autant que possible le nom de la juridiction et de la paroisse et l'année dans lesquelles l'acte réclamé aura été passé, ainsi que le nom du notaire qui l'aura reçu.

Art. 48. Les titres produits par les parties ou par le commissaire du Roi, ainsi que les pièces et documens qui auront servi à la liquidation des indemnités, et les rapports présentés à la commission, resteront déposés entre les mains du secrétaire en chef.

La liquidation consommée, tous les dossiers qui s'y rattacheront, seront, sur la réquisition du commissaire du Roi, et à la diligence du secrétaire en chef, transmis aux archives de la marine et des colonies, à Versailles.

Art. 49. Conformément aux dispositions de l'art. 10 de la loi, il ne sera perçu aucun droit de succession sur l'indemnité accordée aux anciens colons de Saint-Domingue, et les titres et actes de tout genre qui seront produits par les réclamans ou leurs créanciers, soit devant la commission, soit devant les tribunaux, pour justifier de leurs qualités et de leurs droits, seront dispensés de l'enregistrement et du timbre. En conséquence, le garde des archives de la marine, à Versailles, est autorisé à délivrer sur papier libre les extraits-copies ou tous autres documens relatifs à la liquidation des anciens colons de Saint-Domingue.

Art. 50. Aux termes de l'art. 11 de la loi, lorsqu'il

s'élèvera des contestations entre divers prétendant-droit à la succession d'un colon qui n'avait pas de domicile en France, et qui n'y est pas décédé, ou entre eux et ses créanciers, elles seront attribuées au tribunal du domicile du défendeur, et s'il y en a plusieurs, au tribunal du domicile de l'un d'eux, au choix du demandeur.

La déclaration d'acceptation sous bénéfice d'inventaire de la succession d'un colon qui n'avait pas de domicile en France, et qui n'y est pas décédé, sera reçue au greffe du tribunal de la Seine.

Art. 51. Les réclamans qui seront en contestation sur leurs droits respectifs ou sur la part afférente à chacun d'eux dans une liquidation, pourront, s'ils administrent la preuve de la réunion en leurs personnes de tous les droits et qualités, demander que la liquidation soit faite collectivement et sans attribution à aucun d'entre eux. Dans ce cas, l'indemnité restera déposée à la Caisse des dépôts et consignations, et ne pourra être touchée par les ayant-droit qu'après réglement et partage, soit à l'amiable, soit par justice, et lorsque notification en aura été faite dans les formes légales au directeur-général de ladite Caisse.

Art. 52. Toutes les lettres et paquets adressés au commissaire du Roi et au secrétaire en chef de la commission, leur seront remis en franchise de droit.

Art. 53. Les réclamans établis hors du territoire européen de la France, pourront remettre leurs demandes en indemnité, dans nos colonies, aux administrateurs coloniaux, et dans les pays étrangers, à nos ambassadeurs, consuls, vice-consuls et résidens, lesquels transmettront ces pièces au secrétariat de la commission, par l'intermédiaire de notre ministre secrétaire-d'état au département des affaires étrangères.

Les demandes qui parviendront par ce moyen au secrétariat, n'auront d'effet que du jour de leur inscription sur le registre mentionné en l'article 7 ci-dessus.

Art. 54. Le président de notre conseil des ministres est chargé de l'exécution de la présente ordonnance, qui sera insérée au Bulletin des lois.

Donné en notre château de Compiègne, le 9e jour du mois de mai de l'an de grâce 1826, et de notre règne le deuxième.

CHARLES.

Par le Roi,

Le président du conseil des ministres,

JH. DE VILLÈLE.

CHARLES, PAR LA GRACE DE DIEU, ROI DE FRANCE ET DE NAVARRE,

A tous ceux qui ces présentes verront, salut :

Vu la loi du 30 avril 1826 ;

Vu notre ordonnance en date de ce jour, et spécialement les articles 17 et 23 ;

Sur le rapport du président de notre conseil des ministres ;

Nous avons ordonné et ordonnons ce qui suit :

Art. 1er. Sont nommés membres de la commission

chargée de la répartition de la somme de cent cinquante millions affectée aux anciens colons de Saint-Domingue,

Notre cousin le duc de Lévis, ministre-d'état;

Les Srs Vicomte Lainé, ministre-d'état;

Baron Portal, ministre-d'état;

Comte d'Argout, pair de France;

Baron de Montalembert, pair de France;

Comte de Pontécoulant, pair de France;

De Gères, membre de la chambre des députés;

Strafforello, *idem;*

Fadate de Saint-Georges, *idem;*

Marquis de Nicolaï, *idem;*

Comte de Blangy, *idem;*

André, *idem;*

Malouet, maître des requêtes, ancien préfet;

De Kersaint, maître des requêtes;

Villiers du Terrage, maître des requêtes, ancien préfet;

Lamardelle, maître des requêtes;

De Frasans, conseiller à la cour royale de Paris;

Chrestien de Poly, *idem;*

De Vergès, conseiller auditeur à la cour royale de Paris;

Angellier, ancien préfet;

Derville Maléchard, *idem;*

De Flanet, ancien propriétaire à Saint-Domingue;

Comte de Gallifet, colonel;

Comte Alex. de Laborde, ancien propriétaire à Saint-Domingue;

Bouteiller, conseiller de préfecture à Nantes;

Marquis Fournier de Bellevue, ancien propriétaire à Saint-Domingue;

Michel de Tharon, *idem.*

Art. 2. Conformément à l'article 6 de la loi du 30 avril 1826, la commission sera divisée en trois sections, composées chacune comme il suit :

Première section.

Notre cousin le duc de Lévis, ministre-d'état, président;

Les Srs Baron de Montalembert, pair de France;

De Gères, membre de la chambre des députés;

Marquis de Nicolaï, *idem;*

Malouet, maître des requêtes;

Lamardelle, *idem;*

Chrestien de Poly, conseiller à la cour royale de Paris;

De Flanet, ancien propriétaire à Saint-Domingue;

Bouteiller, conseiller de préfecture à Nantes.

Seconde section.

Les Srs Vicomte Lainé, ministre-d'état, président;

Comte de Pontécoulant, pair de France;

Strafforello, membre de la chambre des députés;

Comte de Blangy, *idem;*

De Kersaint, maître des requêtes;

De Frasans, conseiller à la cour royale de Paris;

Derville Maléchard, ancien préfet;

Comte de Gallifet, colonel;

Michel de Tharon, ancien prop. à St-Domingue.

Troisième section.

Les Srs Baron Portal, ministre-d'état, président;

Comte d'Argout, pair de France;

Fadate de Saint-Georges, membre de la chambre des députés;

André, *idem*;

Villiers du Terrage, maître des requêtes;

De Vergès, conseiller-auditeur à la cour royale de Paris;

Angellier, ancien préfet;

Comte Alex. de Laborde, ancien propriétaire à Saint-Domingue;

Marquis Fournier de Bellevue, *idem*.

Art. 3. Le travail sera réparti entre les trois sections conformément à l'ordre de service établi par l'art. 23 de notre ordonnance en date de ce jour.

Art. 4. Le sieur Simonneau, membre de la chambre des députés, conseiller à la cour royale de Paris, est nommé notre commissaire près la commission.

Art. 5. Le président de notre conseil des ministres est chargé de l'exécution de la présente ordonnance, qui sera insérée au Bulletin des lois.

Donné au château de Compiègne, le 9ᵉ jour du mois de mai de l'an de grâce 1826, et de notre règne le deuxième.

CHARLES.

Par le Roi

Le président du conseil des ministres,

JH. DE VILLÈLE.

(Extrait du *Moniteur* des 1er et 15 mai 1826.)

TABLEAUX

Annexés à l'ordonnance royale du 9 mai 1826, concernant l'indemnité attribuée aux anciens colons de Saint-Domingue.

MODÈLE N° 1.

INDEMNITÉ ATTRIBUÉE AUX ANCIENS COLONS DE SAINT-DOMINGUE.

Déclaration de propriété.

Nota. Si la déclaration est faite collectivement, les noms, prénoms, etc., des réclamans devront être relatés.

A MM. les présidens et membres de la commission de liquidation.

Je soussigné natif de arrondissement de département de habitant et domicilié dans l'arrondissement de département de appelé par la loi du 30 avril 1826 à faire valoir mes droits au partage de l'indemnité attribuée aux anciens colons de Saint-Domingue, déclare :

1°. Faire élection de domicile à Paris, chez M. demeurant rue de N°.

2°. Me présenter en qualité de

Indiquer ci-contre la qualité de propriétaire en 1789 ; d'héritier ; de donataire ; de légataire ; ou d'ayant-cause, c'est-à-dire de créancier, cessionnaire, ou acquéreur.

Si la déclaration est faite en toute autre qualité qu'en celle de propriétaire en 1789, elle devra indiquer les noms et prénoms du propriétaire en 1789, des biens dénommés ci-après, et ceux des héritiers intermédiaires.

3°. Réclamer l'indemnité à liquider conformément à la loi pour la propriété connue en 1789 sous la dénomination de situé

consistant

Indiquer avec le plus de précision possible le nom de la propriété et ceux de la partie de la colonie, de la juridiction, de la paroisse et du quartier où elle était située ; énoncer si l'indemnité est réclamée pour tout ou seulement partie de la propriété.

Déclarer,

Si la propriété est rurale :

La contenance et le nombre de carreaux ; le genre ou les divers genres de culture et d'exploitation ; la distance de l'embarcadère ; les abornemens par les quatre points cardinaux ; le nombre des nègres, négresses, négrillons et négrittes, avec indication, s'il y a lieu, de la portion des ateliers attachés à l'exploitation qui aurait été cédée ou vendue au gouvernement anglais, ou emmenée par les propriétaires dans d'autres colonies ou en pays étranger ; le nombre et la nature des bâtimens, des usines, des moulins, des cabrouets ; le nombre des chevaux et mulets ; le nombre et l'espèce des bêtes à cornes, à poils, à laine, attachées à la propriété ; la quantité en quintaux, poids de marc (ancienne mesure de poids à Saint-Domingue), des denrées récoltées en 1789 ou dans l'année la plus rapprochée de ladite époque.

Si la propriété est urbaine :

Sa localité dans la partie nord, ouest ou sud ; le nom des ville, bourg ou embarcadère dans lesquels la propriété était située ; sa nature (hôtels, maisons ou magasins) ; le montant du loyer et celui de l'imposition annuelle ;

Ajouter enfin dans l'un comme dans l'autre cas toutes les informations que les réclamans croiront utiles.

Si la valeur des propriétés réclamées est établie dans des actes authentiques produits avec la déclaration, mention sera faite de la valeur portée auxdits actes.

4°. A l'appui des énonciations ci-dessus, produire et annexer à la présente réclamation les titres justificatifs ci-après décrits au nombre de savoir :

Indiquer ci contre, et par ordre de numéros, les pièces justificatives des droits à l'hérédité, à la propriété, et de la valeur à attribuer à la propriété.

MODÈLE N° 3.

INDEMNITÉ ATTRIBUÉE AUX ANCIENS COLONS DE SAINT-DOMINGUE.

Distribution du travail entre les trois sections de la commission, suivant l'ordre de service établi par l'article 23 de l'ordonnance du 9 mai 1826.

JURIDᵒ.	N°	1re SECTION.	JURIDᵒ.	N°.	2e SECTION.	JURIDᵒ.	N°	3e SECTION.
Fort Dauphin.	1	Ouanaminthe.	Port de Paix.	19	Saint-Louis.	Petit Goave.	35	Grand Goave.
	2	Fort Dauphin.		20	Port de Paix.		36	Petit Goave.
	3	Terrier Rouge.		21	Gros Morne.		37	Fond des Nègres.
	4	Letrou.		22	Jean Rabel.		38	Anse à Veau.
	5	Valière.		23	Môle Saint-Nicolas.		39	Petit Trou.
Le Cap.	6	Limonade.		24	Bombarde.	Jérém.	40	Jérémie.
	7	Quartier Morin.		25	Port à Piment.		41	Cap Dame Marie.
	8	Grande Rivière.		25 *bis*	Ile de la Tortue.	Cayes.	42	Cap Tiburon.
	9	Dondon.	St-Marc.	26	Les Gonaïves.		43	Les Cotteaux.
	10	Marmelade.		27	Saint-Marc.		44	Port Salut.
	11	Petite Anse.		28	La Petite Rivière.		45	Torbeck.
	12	Cap Français.		29	Les Verettes.		46	Les Cayes.
	13	La plaine du Nord.	Port au Prince.	30	Mirebalais.	St-Ls.	47	Cavaillon.
	14	L'Acul.		31	L'Arcahaye.		48	Saint-Louis.
	15	Le Limbé.		32	La Croix des Bouquets		49	Aquin.
	16	Port Margot.		33	Port au Prince.	Jacmel.	50	Baynet.
	17	Borgne.		34	Léogane.		51	Jacmel.
	18	Plaisance et Pilate.					52	Cayes de Jacmel.

MODÈLE N° 2.

INDEMNITÉ ATTRIBUÉE AUX ANCIENS COLONS DE SAINT-DOMINGUE.

Déclaration de propriété.

Nota. Si la déclaration est faite collectivement, les noms, prénoms, etc., de tous les réclamans devront être relatés.

A MM. les présidens et membres de la commission.

Je soussigné natif de arrondissement de département de habitant et domicilié dans l'arrondissement d département d appelé par la loi du 30 avril 1826 à faire valoir mes droits au partage de l'indemnité attribuée aux anciens colons de Saint-Domingue, déclare :

1°. Faire élection de domicile à Paris, chez M. demeurant rue de N°.

2°. Me présenter en qualité de

Indiquer ci-contre la qualité de propriétaire en 1789 ; d'héritier ; de donataire ; de légataire ; ou d'ayant-cause (c'est-à-dire de créancier, cessionnaire ou acquéreur).

Si la déclaration est faite en toute autre qualité qu'en celle de propriétaire en 1789, elle devra indiquer les noms et prénoms du propriétaire en 1789, des biens dénommés ci-après, et ceux des héritiers intermédiaires.

3°. Réclamer l'indemnité à liquider conformément à la loi pour la propriété connue en 1789 sous la dénomination de situé

consistant

Indiquer le nom de la propriété et ceux de la partie de la colonie, de la juridiction, de la paroisse et du quartier où elle était située. Énoncer si l'indemnité est réclamée pour tout ou seulement partie de la propriété.

Indiquer autant que faire se pourra,

Si la propriété est rurale :

La contenance et le nombre de carreaux ; le genre ou les divers genres de culture et d'exploitation ; la distance de l'embarcadère ; les abornemens par les quatre points cardinaux ; le nombre des nègres, négresses, négrillons et négrittes, avec indication, s'il y a lieu, de la portion des ateliers attachés à l'exploitation qui aurait été cédée ou vendue au gouvernement anglais, ou emmenés par les propriétaires dans d'autres colonies ou en pays étranger ; le nombre et la nature des bâtimens, des usines, des moulins, des cabrouets ; le nombre de chevaux, de mulets ; le nombre et l'espèce de bêtes à cornes, à poils, à laine, attachées à la propriété ; la quantité en quintaux, poids de marc (ancienne mesure de poids à Saint-Domingue), des denrées récoltées en 1789, ou dans l'année la plus rapprochée de ladite époque.

Si la propriété est urbaine :

Sa localité dans la partie nord, ouest ou sud, le nom de la ville, bourg ou embarcadère dans lesquels la propriété était située ; sa nature (hôtels, maisons ou magasins) ; le montant du loyer et celui de l'imposition annuelle ;

Ajouter enfin dans l'un comme dans l'autre cas, toutes les informations que le réclamant croirait utiles.

Si la valeur des propriétés réclamées est établie dans des actes authentiques produits avec la déclaration, mention sera faite de la valeur portée auxdits actes.

4°. A l'appui des énonciations ci-dessus, produire et annexer à la présente réclamation les titres justificatifs ci-après décrits au nombre de savoir :

Indiquer ci-contre et par ordre de numéros, les pièces produites par le réclamant pour justifier de ses droits à l'hérédité, à la propriété, et de la valeur à attribuer à la propriété.

5°. Je déclare de plus, en conformité de l'art. 6 de l'ordonnance royale du 9 mai 1826, qu'il m'est impossible de représenter

Énoncer ici les justifications que le réclamant ne peut produire ; si elles se rapportent au droit de propriété sur le bien-fonds pour lequel on réclame, ou si elles sont relatives à la valeur à attribuer aux immeubles. Dans les deux cas, la déclaration doit être accompagnée d'un certificat du garde des archives de la marine à Versailles, portant qu'il n'existe aucun document relatif aux biens réclamés.

Attendu que

Rapporter ici les causes générales ou particulières qui s'opposent à la production des justifications ci-dessus mentionnées.

Je demande en conséquence qu'il me soit fait application des dispositions de la loi du 30 avril 1826 et de l'ordonnance du 9 mai suivant, et qu'à cet effet il plaise à MM. les présidens et membres de la commission de m'autoriser à suppléer l'absence desdits titres et pièces en établissant par voie d'enquête

Suivra l'énumération des faits et circonstances sur lesquels doit porter l'enquête.

Me bornant à indiquer comme pouvant être entendues dans ladite enquête les personnes ci-après dénommées :

Le réclamant devra donner ici les noms, prénoms, domiciles et qualités des personnes qu'il désirera faire entendre.

www.ingramcontent.com/pod-product-compliance
Ingram Content Group UK Ltd.
Pitfield, Milton Keynes, MK11 3LW, UK
UKHW012125240726
13965UKWH00005B/1985

9 782013 09200